W0070492

Christian Grosch

Heiteres Finanzamt

Band 3

Heiteres Finanzamt

Steuer zahlen mit einem Lächeln

Eine Sammlung von Stilblüten
aus Schreiben an das Finanzamt,
aus Schriftsätzen des Finanzamts,
aus Gesprächen und Besprechungen
- oft ernst gemeint, aber nicht
so ganz ernst genommen -
von Kuriosa und Finanzamtswitzen

von
Christian Grosch

Band 3

Verlag Franz Scharl   8025 Unterhaching

ISBN 3-7943-0503-5

9. Auflage
38. bis 41. Tausend

Zu beziehen durch den Buchhandel

© Verlag Franz Scharl, Postfach 1445, 8025 Unterhaching
Telefon 089/28 60 41 + 6 11 48 05
Nachdruck und Vervielfältigung von Text und Bild nur mit Genehmigung des
Verlages — Alle Rechte vorbehalten.
Umschlagentwurf Elisabeth Thomae
Druck: Gässler + Litzinger, G + L Druck GmbH, Barerstraße 44, 8000 München 40
Buchbinderische Verarbeitung M. Hörmann, 8200 Rosenheim

Vorwort

»Das kleinste und unwesentlichste Kapitel der deutschen Literaturgeschichte trägt den Titel Humor. Warum? Weil das Wort »Bildung« stets größer geschrieben wurde, weil nach Ansicht der Leute, die um unser Kulturerbe bemüht sind, Unterhaltung ein notwendiges Übel ist, weil ein Deutscher, der aus vollem Halse lacht, sich immer noch ein bißchen geniert...«. So meinte es kürzlich jemand, der es wissen und in Sachen Unterhaltung »in« sein müßte.

So freue ich mich, daß »Heiteres Finanzamt« trotzdem in die Hände von fast 90 000 Lesern gelangt ist.

Und da sind es besonders die jüngeren Leser und die Kolleginnen und Kollegen der kleineren Ämter, wo es - trotz des aufreibenden Arbeitstages - mitmenschliche Kontakte gibt. Von diesen Lesern kamen auch besonders viele Beiträge zu diesem 3. Heft, für die ich hier herzlich danke.

Humor ist Medizin für das seelische Wohlbefinden, eine nicht verschreibungs- und apothekenpflichtige, daher auch preiswerte Medizin.

Seit nach der letzten (wievielten?) Steuerreform aus dem ansonsten sympathischen und vertrauten Einkommensteuergesetz für den Steuerbürger ein Buch mit sieben Siegeln und für den Fachmann ein »Buch mit 71 Pausch- und Freibeträgen« geworden ist, tut kurzweilige Entspannung not. Da hilft »Heiteres Finanzamt«, damit es Ihnen nicht so ergeht wie dem Kollegen im 7. Kapitel. Wie es ihm erging? Lesen Sie doch einfach nach!

Und damit wären Sie schon drin in der Lektüre des unfreiwilligen Humors im trockenen Steueralltag.

Dazu wünscht Ihnen viel Vergnügen
Ihr
Christian Grosch

Anmerkung
Für den in Vorbereitung befindlichen 4. Band nimmt der Verlag Materialsammlungen gegen Honorierung mit Verlagsbroschüren gern entgegen.

Inhaltsverzeichnis

1. Die Mühe mit der Steuererklärung

. . . Mein Mann ist ein selbständiger Landwirt von 16,25 ha Land, der zum *Sterben* verurteilt ist . . .

. . . Ich haben keinen Gewinn erzielt und bitte Sie daher, die Gewerbesteuer und alles andere auf den Null-Tarif zu setzen . . .

... Mein Sohn hat eine Heißmangel und meine Tochter Laufmaschen ...

... Was mein Vermögen betrifft, so holt es der Schrotthändler noch nicht einmal umsonst ab ...

... Das Ausfüllen der Erklärung erübrigt sich wohl, da mein Mann sein Jahreseinkommen nicht übersteigt ...

. . . Aus der Not heraus war die Ehefrau gezwungen, irgend etwas umzutreiben und reiste auf Waschmaschinen und einige Zeit mit einem Vertreter in Textilien . . .

... Anbei meinen Vertriebenenausweis zu Händen des Bearbeiters mit der Bitte, mir diesen zurückzuschicken ...

... Ich will nachstehend versuchen, für die Zeit ab Juli einen *lügenlosen* Nachweis über meine Einkünfte zu geben ...
(soll heißen: lückenlosen ...)

... Die Firma hatte zwei Gesellschafter. Einer davon mußte austreten ...

Der Steuerberater:
... Die verwitwete Frau M. will den Betrieb mit einem früheren Gesellen fortsetzen, der sie gut kennt und weiß, wie sie es gern haben möchte ...

... Aus gesundheitlichen Gründen ist mein Mann nach tierärztlichen Gutachten zur Verwendung in unserem Tierzuchtbetrieb wie auch sonstwie nicht mehr zu gebrauchen ...

... Die verlangten Belege sind beim letzten Brand alle verbrannt. Seither fällt es mir nicht mehr ein, sie weiter zu suchen ...

. . . Man hört jetzt so viel von außergewöhnlichen Belastungen und Sonderausgaben, die man absetzen kann. Ich bin verheiratet, meine Frau ist eine außergewöhnliche Belastung, und Sonderausgaben macht sie ja nun ständig. Kann ich sie einfach irgendwo absetzen, oder muß es an einer bestimmten Stelle sein? ...

... Gleichzeitig bitte ich um meinen Konjunkturzuschlag, den ich dem Finanzamt per Einschreiben zugesandt habe ...

...Da ich wegen meiner beruflichen Vorbildung als Maurer nie mit schriftlichen Geschäftsarbeiten zu tun hatte, sehe ich mich nicht in der Lage, die Steuererklärung abzugeben. Selbst eine Erzwingungshaft könnte an meiner Vorbildung nichts ändern ...

Eine Gemeindeverwaltung in Österreich:
. . . Das Einkommen des Viehhirten besteht aus 3 Joch Felder und 2 Joch Wiesen, nebenbei besorgt er die Geschäfte des Gemeindestiers. Wir haben 166 Kühe in der Gemeinde, pro Kuh bekommt er 10 Schilling ...

... Man kann ja nicht von einem Tag auf den anderen gleich abbrechen, so werde ich noch bis zum 65. Lebensjahr klein weiter machen ...

Der Steuerzahler ist immer
mehr nur eine nach allen
Seiten und nach allen
Richtungen genutzte Kuh.

... Senden Sie mir schnellstens die Steuernummer, denn mein Steuerberater sagt, ohne Steuernummer kann ich nicht abführen ...

Bankbestätigung über gezahlte Zinsen:
Wir haben von Ihnen im letzten Jahr folgende *Summer* erhalten ...
(Tippfehler; richtig: Summen)

... Meine Mutter, die im Januar im Alter von 82 Jahren verstorben ist, konnte natürlich die Steuererklärung nach diesem Zeitpunkt nicht mehr unterschreiben ...

Eine Bäuerin:
Seit dem Tode meines Mannes halte ich kein Rindvieh mehr auf dem Hofe ...

Ein Steuerberater schreibt:
Die Umstellung der Heizung war dringend erforderlich, weil die Alte schon Gase abgegeben hat ...

... Die angeforderte Steuererklärung wurde bereits Anfang des Jahres zusammen mit meiner Ehefrau beim Finanzamt abgegeben ...

... Hiermit bestätige ich als Tochter, daß ich von meinem Vater als Aussteuer 1 Schwein ca. 250 Pfund Lebendgewicht im Werte von 300 Mark erhalten habe, welches geschlachtet wurde ...

... Als mittellosem Studenten freut mich die unvermutete Ehre, mir ein Einkommen zuerkennen zu wollen. Trotzdem lege ich Ihnen gern eine Aufstellung für das letzte Jahr vor.

Einkommen aus:	Deutsche Mark
unselbständiger Arbeit als Ehemann (»Taschengeld«) einer verdienenden Ehefrau (50,— monatlich)	600,—
Unternehmertätigkeit	—,—
Zuwendungen reicher Verwandter	—,—
Dotationen als Aufsichtsrat	—,—
Abgeordnetendiäten	—,—
Beraterverträgen	—,—
spanischen Renditeobjekten	—,—
in die Schweiz verbrachtem Vermögen	—,—
An absetzbaren Kosten:	
gezahlte Schmiergelder	—,—
Werbeanzeigen für die CDU	—,—
Wahlspende für die SPD	—,—

Mit freundlichen Grüßen ...

... Ich bitte um Fristverlängerung, da ich meine Mandanten auf elektronische Datenverarbeitung umprogrammiere ...

... Die in der Anlage beigefügten Zeichnungen meiner Wohnung werden nur von meiner Frau und mir bewohnt ...

... Ein angetrunkener Autofahrer fuhr vorne in meinen Frisiersalon. Während der Reparaturzeit war ich nur beschränkt tätig. Ich konnte meine Kunden nur noch hinten rasieren und schneiden ...

Nun leg dich schon hin und guck nicht so, als müßtest du die Steuer selber zahlen.

(entnommen aus: 365 Tropfen zur Entspannung, Daco Verlag, Stuttgart)

... Das von mir während des Krieges ange-
wandte Verhütungsmittel war von so schlech-
ter Qualität, daß es wirkungslos blieb. So wurden mir noch drei Kinder geboren. Rechne
ich für das Aufziehen eines Kindes 5000 Mark,
so beträgt mein Kriegsschaden 15 000 Mark.
Jedoch finde ich keine *Rubrik,* in welcher ich
diesen Betrag absetzen könnte und bitte um
diesbezügliche Auskunft ...

... Einige Zeit bin ich als Nachtwächter gegangen, bin jetzt aber wieder freiberuflicher Holz-
fäller ...

Ein Landwirt schreibt:
... Ich bin 1,62 groß und wiege 107 Pfund, 76
Jahre alt und kann unter meinem Dach keine
Steuer finden...

... Vor Abgabe der Steuererklärung kam es zu
einer Frühgeburt von Zwillingen. In dieser Si-
tuation hatte ich die Sache völlig aus den Augen verloren. Ich bin aber sicher, so schnell
werde ich keine Zwillinge mehr bekommen ...

... Ich bin seit 1973 Rentner und falle somit
nicht mehr unter die Steuererklärung ...

... muß Ihnen mit Bedauern mitteilen, daß ich
die Formalitäten nicht wiederfinden kann ...

... Da mein Mann in der Fremde arbeitet und
nicht zuhause ist, möchte ich Ihnen folgende
Angaben machen: Ich kenne mich in diesen
Sachen nicht aus ...

... Ich bin alleinstehende Witwe und mein Mann ist 1963 gestorben ...

. . . Im Jahre 1973 war meine Ehe mit zwei Kindern völlig zerrüttet ...

. . . Ich bin ein Rentner und habe außer meiner Frau weiter gar nichts ...

... 1975 war ich doch persönlich bei Ihnen und habe erklärt, daß ich nicht mehr über den Satz komme ...

... Unseren alten, unmodernen, unhygienisch gewordenen Ofen haben wir durch ein Wasserspülklosett ersetzt ...

Ein Gastwirt macht Unterhaltskosten für ein uneheliches Kind als Betriebskosten geltend:
... Das von mir begangene Vergehen ist als Auswirkung meines beruflich erforderlichen Alkoholgenusses anzusehen ...

Eine Witwe meldet den Gewerbebetrieb ihres verstorbenen Mannes ab:
... Teile Ihnen hierdurch mit, daß mein Mann verstorben ist. Ich sage Ihnen dafür meinen herzlichen Dank ...

Von Januar bis mitte Februar war ich im Gefängnis wegen zuhohen Blutdruck.

... Mein Mann liegt als Vertreter von früh bis spät mit seinem Wagen auf der Straße ...

. . . Habe meine Steuernummer vergessen. Du hast ja bei Dir so komische Nullen. Für mich hast Du, glaube ich, die Nummer 20/000/00015. Haufen Nullen, nicht wahr?

... Ich fliege morgen früh bis Anfang August nach Afrika und kann daher die Steuererklärung noch nicht abgeben ...

... Wir haben leider nicht mehr die Steuernummer vom letzten Jahr, aber mein Mann ist Krankenpfleger und ich bin eine geborene Schmitz aus Köln ...

... Unsere Kinder sind im Alter von 13 bis 2 Jahren und haben keine Nebeneinnahmen ...

Für den verstorbenen Vater schreibt der Sohn:
... Da ich seit dem 9. Januar alle Beziehungen zur Erde abgebrochen habe, ist es mir leider unmöglich, Ihren Fragebogen auszufüllen. Ich weiß auch nicht, was aus meinen irdischen Gütern geworden ist. Sollten Sie eines Tages nach »oben« kommen, werden wir uns sicher einmal auf der Straße HH (Himmel-Hölle) begegnen.

Mit himmlischen Grüßen ...

... Mitte 1973 zog ich mit meinem jetzigen Mann und Tochter in die Gaststätte »Zum nassen Dreieck«. Wir mußten den Betrieb aber bald wieder aufgeben, weil zur Gastwirtschaft nur ein kleines Zimmer von 18 qm gehörte. Das Gästeabort mußten wir mitbenutzen. Es war für drei Personen zu klein, es war unmöglich auf die Dauer hier zu leben ...

... Leider mußte ich meine Buchführung zurückstellen, da meine Augen nicht mehr wollten. Jetzt habe ich eine neue Brille bekommen, sehe aber mit ihr genauso schlecht wie mit der ersten. Sehe bloß noch große Zahlen und Buchstaben. Das Autofahren mußte ich auch schon auf ein Minimum beschränken ...

Nun melk mich flink, Finanzamt Du,
Karl-Hugo Weiß, die Steuerkuh,
bis daß der Euter richtig schlapp,
und Vater Staat das Letzte hat.

Denn ohne Milch und ohne Rahm,
ist selbst der Staat nur müd und lahm;
er kann dann nicht, wie es vonnöten,
zum Beispiel Umweltfeinde töten.

Und auch die andern Pflichten blieben
natürlich unerledigt liegen.
Man denke nur, was dringlich wär,
an die Erhöhung von Salär,

für die Beamten, die bestimmt,
in diesem Fall empfänglich sind.
All das muß sein, und andres auch,
doch das ist Zwang, nicht guter Brauch.

Drum tut, was Ihr nicht lassen könnt,
und nehmt notfalls mein letztes Hemd.
Ich gäbe es aus Dankbarkeit
für einen gütigen Bescheid.

2. Der Steuerbescheid

... Ich bitte die Zwangsvollstreckung rückgängig zu machen, da wir finanziell nur vom Drauflegen leben ...

. . . Meine Gattin wurde vorsätzlich diskriminiert, indem sie im letzten Jahr mit 73 000 Mark versteuert wurde ...

Eine Steuerzahlerin schreibt:
... Unsere Steuern sind bereits durch die Lohnsteuer gedeckt. Ich bitte Sie daher, meinem Antrag auf Entbindung stattzugeben ...

... Ich ziehe hiermit die Konsequenzen; mit der Drohung der Versteigerung lasse ich mich nicht unterdrücken. Noch gibt es »Bild kämpft für Dich« - auch gibt es noch die »Menschenrechts-Kommission« ...

... Mein Auto wurde bereits im September wegen Krankheit abgemeldet ...

... Der Grund in der z.Zt. beengten Flüssigkeit liegt im hohen Bestand meiner Gebrauchtfahrzeuge ...

... Meine Frau hatte niemals mit meinen Sachen zu tun. Sie ist völlig unschuldig ...

Unser Tochter Angelika ihr Kind
das hier vergangenes Jahr über
mein Mann seine Steuerkarte

... Bei einem süddeutschen Finanzamt war man nach dem Kriege gezwungen, einige Räume im Gasthof »Zum Ochsen« anzumieten. Eines Tages ging ein Brief ein, der so adressiert war:
»An das Viehnanzamt - Abteilung Ochsen«

Die Halterin eines Kraftfahrzeugs:
... teile ich Ihnen mit, daß ich noch nicht sagen kann, wann ich meinen Alten loswerde ...

... Ich muß eben diesen desorganischen Aufbau der Steuermerkmale als in einem Rechtsstaat unwürdig und entschieden ablehnen ...

... Meine Tochter hatte weder vor noch nach der Hochzeit einen Verkehrswert ...

Ein Steuerberater schreibt:
... Hierbei möchten wir darauf hinweisen, daß die angegebene Anschrift unseren Mandanten seinerzeit nicht erreicht hat ...

... Wenn Leute wie Linsenhoff Steuermillionen in das Ausland transferieren können, so wird man meiner bescheidenen Bitte, mir meine Restschuld bis Ende Dezember zu stunden, sicher entsprechen ...

... Ich habe mein Bankkonto überzogen, so daß die Tilgung meiner Steuerschuld nicht zum Vorteil für mich wäre ... ·

... Ihre vor vier Wochen zugestellte Mahnung bezüglich rückständiger KfzSteuer hatte sich zu unserem Bedauern anderweitig angeklammert ...

Ein Schreiben aus der Haftanstalt:
Sehr geehrter Herr Präsident!
Ich verbüße eine Strafe wegen *sogenanden Wiederstandes* gegen die Polizeigewalt. Leider kann ich Ihrem Vorschlag nicht folgen nach dort zu einer Besprechung zu kommen, da ich hier keinen Hausschlüssel bisher erhalten habe.

. . . Ich möchte Sie bitten, die Steuer zu *niedriegen.* Anderenfalls bin ich gezwungen mich aufzuhängen oder ich muß stehlen gehen . . .

Geliebtes Finanzamt!
Bitte stören Sie meine Urlaubsfreude nicht mit einer Mahnung, denn Computer haben keine Seele...

Für seinen verstorbenen Vater, an den noch ein Steuerbescheid gerichtet war, schreibt der Sohn:
... Im Himmel, Datum des Poststempels
In einem besonderen Raum - ob zum Himmel oder zur Hölle gehörig - habe ich schon Finanzbeamte gesehen. Sie leiden Höllenqualen, weil sie keine Formulare für Steuerbescheide bekommen können. Können Sie nicht mit dem nächsten Sputnik einige Formulare herauf schicken?...

Ein Landwirt schreibt:

Hochvermögendes Finanzamt!

Wegen der Steuer muß ich an Sie herantreten. Und da hat mir der Herr folgendes eingegeben, was im Matthäus Kapitel 18 Vers 26 steht: »Herr, habe Geduld mit mir, ich will Dir's alles bezahlen.« Und weiter im Vers 27 heißt es klipp und klar: »Das jammerte den Herrn des Knechts und er ließ ihn los und die Schuld erließ er ihm auch.«

Und so lautete die Antwort des Finanzamts:

. . . ausnahmsweise will ich mit Rücksicht auf Ihre Zitate ebenfalls mit einem Vers aus der Bibel erwidern. Bei Matthäus Kapitel 5 Vers 26 heißt es: »Du wirst nicht von dannen herauskommen, bis Du auch den letzten Heller bezahltest!«

. . . Dürfen wir uns mit der Zahlung noch ein paar Tage Zeit nehmen?

Mein Mann schreibt mir aus dem Manöver, er sei eine »Leiche« und würde erst nach Ende der Übung wieder zum Leben erweckt . . .

. . . Da Ihr höchster Chef vor einigen Tagen sehr ergreifend zur Erhaltung des Rechtsstaates aufrief, möchte ich daran erinnern, daß die geforderte Grunderwerbsteuer nach meiner Ansicht nicht in Ihre Staatskasse paßt. Ich beantrage daher Erlaß der Steuer, um die Staatskasse zu schützen . . .

. . . Wir möchten gern unsere Papiere von der Einkommensteuer zurück. Das Geld ist schon lange da, aber die Papiere benötigen dringend anderweitig...

Wer zahlen muß, kommt gern recht spät,
speziell wenn es um Steuern geht!
Doch Ihr seid selber Schuld daran,
denn warum bietet Ihr nicht an,
daß der, dem pünktlich zahlen frommt,
als Lohn dafür Rabatt bekommt?
                              Ein Steuerzahler

. . . Das Wort Finanzamt liegt ja in den meisten Fällen nicht wie Butter auf der Zunge, aber Ihre zweite Steuermahnung hat mich doch arg erschüttert...

Ein Steuerberater schreibt:
. . . eine darauf beruhende Steuerfestsetzung würde mein Mandant seinerseits als unvertretbare Härte gegen sich empfinden. Man kann ihm nicht verständlich machen, daß das Gesetz es so vorschreibt...

. . . Außerdem füge ich noch an, daß mein Mandant seit mehreren Jahren sein Brot mit einem künstlichen Bein verdienen muß...

3. Die Lohnsteuer

. . . Da meine Frau morgen ins Wochenbett kommt, möchte ich Sie bitten, die Sache etwas zu beschleunigen . . .

. . . Mein Ehemann hat die Angewohnheit, häufig die Stellung zu wechseln . . .

Außergewöhnliche Belastung:
Mein Mandant ist alleinstehend. Er hat keine Frau und auch nur einen Arm. Da er jedoch zwei gesunde Beine hat, muß er deshalb im Gasthaus essen . . .

. . . Im März starb mein Mann. Damit fing auch meine Unsicherheit an . . .

Ein Steuerberater schreibt:
Der Genannte steht seit zwei Jahren in der Heilstätte in N . . .

Werbungskosten wegen doppelter Haushalts-
führung:
. . . Ich hatte dort nur ein möbliertes Zimmer.
Ich hatte dort z.B. keine Bade-, Wasch- und
Kochgelegenheit. Diese Verrichtungen habe
ich jeweils am Wochenende in meiner Haupt-
wohnung besorgt . . .

. . . Ihr *Bestattungsbetrag* von 109,75 DM kann
meiner Meinung zufolge nicht richtig sein . . .
(soll heißen: Erstattungsbetrag)

Antwort des Finanzamts:
. . . Die Ehefrau liegt unter ihrem Pauschbe-
trag . . .

. . . Als *Mönch* (gemeint ist: Mensch) werden
Sie meine Lage verstehen können . . .

. . . Ich wurde als 1. Tochter von Josef Stein
und seiner Ehefrau geboren . . .

. . . Gegen den Lohnsteuerbescheid möchte
ich heftig Einspruch einlegen . . .

. . . Mein Sohn und ich können die Anträge erst jetzt abgeben. Aber »Bild« hat ja bis Ende Mai verlängert . . .

Ein Arbeitgeber schreibt:
Wir beabsichtigen für Stoßgeschäfte stundenweise eine Frau zu beschäftigen und erbitten hierzu die Genehmigung . . .

. . . Die Bearbeitung meines Antrages ist dringend nötig, weil die Fünfjährige aus dem Kinderbett hinausgewachsen ist . . .

Zeiten ohne Beschäftigung:
. . . In der Zeit wo fehlt, nicht gearbeitet . . .

. . . Ich wurde von meiner Firma entlassen, weil ich der Arbeit fernblieb. Im übrigen war ich neben meiner Frau meist arbeitslos . . .

Ein Steuerberater:
Die Antragstellerin ist als Hebamme im Krankenhaus tätig. Durch einen Arztwechsel bedingt ist die Zahl ihrer Geburten erheblich zurückgegangen . . .

Ich habe seid Jahren einen
Freibetrag
30 prozent Bandscheibe

. . . Schicken Sie das Geld bald, denn ich habe schon vier Wochen zwei Paar Schuhe beim Schuster...

. . . Sie glauben garnicht was meine Gattin ein *tegliches Gedöhns* hat mit der Dame wo sie putzt wegen immer noch keiner Lohnsteuerkarte...

. . . Trete ich mit der Bitte an die Herren, die Rückersttattung in Eile zu machen. Mein Sohn ist beim Bund seit einem Jahr; mit ein wenig Geld möchte ich ihm etwas unter die Arme greifen.
Ergebenst mit deutschem Gruß . . .

Ein Steuerberater:
Der Steuerpflichtige hat Einkünfte aus einem NS - Arbeitsverhältnis...
(Anm.: NS = nichtselbständig)

Werbungskosten »häusliches Arbeitszimmer« einer Lehrerin:
. . . das Arbeitszimmer ist zugleich Schlafzimmer meiner Frau . . .

Antragsteller mahnt den Jahresausgleich an:
. . . Mir ist bekannt, daß der Amtsschimmel nicht das schnellste Pferd ist, aber man sollte ihm doch ein wenig die Sporen geben . . .

Darauf antwortete das Finanzamt:
Wir mühen uns recht flott zu traben.
Doch zuviel Sporen bringen Schaden.
Beim Reitpferd ist das sonnenklar,
doch auch beim Amtsschimmel offenbar.
Der Gaul jedoch braucht nicht zu schnaufen,
Ihr Rennen ist bereits gelaufen!
Ihr Brief hat sich gekreuzt mit dem Bescheid,
und auch das Geld liegt schon bereit!

. . . Gleichzeitig möchten wir Sie an die Bearbeitung unseres Sohnes erinnern . . .

Werbungskosten-Pauschsatz für Artisten
. . . auf meiner alten Steuerkarte waren zweimal 30 Prozent eingetragen. Ich mußte länger pausieren, weil ich nach meiner *Kreutzverletzung* nicht fähig war weiterhin als Artistin »*Gautschuk*« zu machen . . .

Ein junges Mädchen schreibt:
Können Sie meinen Jahresausgleich bitte bevorzugt bearbeiten? Ich brauche das Geld dringend. Mir ist etwas dazwischen gekommen. Ich muß heiraten!

Ein Arbeitnehmer mit sieben Kindern beantragt außergewöhnliche Belastung wegen »Beschäftigung einer Hausgehilfin«. Als Beleg wird die Rechnung über den Kauf einer Waschmaschine beigefügt.

. . . Ich hatte Mehrausgaben von 2 bis 300 Mark für *Ernärung,* Arbeitskleidung und *Faratverschleis* . . .

Kann man Antibabypillen von der Steuer absetzen? Ja, aber nur wenn sie nicht gewirkt haben.

(entnommen aus: 365 Tropfen zur Entspannung, Daco Verlag, Stuttgart)

Ein Steuerpflichtiger, der sechs Kinder im Alter von 8, 7, 6, 5, 4 und 3 Jahren hat, kommt mit einem unvollständig ausgefüllten Antrag zur Lohnsteuerstelle.

Frage des Beamten: wann sind Ihre Kinder geboren?

Antwort: alle am 3. September!

Frage: was ist Ihr Beruf?

Antwort: Präzisionsstanzer!

Lohnsteuer-Jahresausgleich

Im Leben muß an vielen Tagen
sich man des Geldes wegen plagen.
Ob einer jung ist oder alt,
entscheidend ist stets das Gehalt.
Doch eh man es in Händen hat,
da eilt herbei der Vater Staat
und nimmt nach gutem Steuerrecht
sich seinen Anteil, garnicht schlecht.
Doch kommt es einmal andersrum,
da schaut der Bürger oftmals dumm.
Tut man recht früh den Antrag starten,
muß man trotzdem recht lange warten.
Ich frage mich: wie kommt das bloß,
was ist denn beim Finanzamt los?

Personal ist knapp - so wird es sein.
Ich finde keinen and'ren Reim.
Jedoch ist eines mir auch klar:
Zum »Steuer einnehm'n« reicht die Schar!

. . . Sollte ich von Ihnen bis Ende Oktober kein
Geld bekommen, sehe ich mich gezwungen,
dies einem Rechtsanwalt zu übergeben . . .

Außergewöhnliche Belastung:
. . . sende Ihnen anbei noch die Rechnung von
meiner linken Hand . . .

Lohnsteuerauskunft wegen Entfernungskilome-
tern zwischen Wohnung und Arbeitsstätte.
Die Bearbeiterin: Als Ihr Mann neulich bei mir
war, da hatte er oben zu viel drin. Deshalb habe
ich ihm unten etwas gekürzt . . .

. . . Bitte ich um baldige Bearbeitung, da ich
dringend eine Wohnung suche, weil ich im September ein Kind erwarte und bislang meine Be-
mühungen vergebens waren . . .

. . . Ich werde dieses Geld, was Sie unberechtigt
festhalten, mit vier Prozent verzinsen . . .

. . . Ich bin seit Oktober arbeitslos mit meiner 9-köpfigen Familie . . .

. . . Bitte doch herzlich um die Zusendung eines Antrages auf Jahresausgleich, aber keinen einfachen, da wir das Haus abtragen . . .

. . . werde nächstes Jahr meinen Antrag durch die »Bild-Zeitung« stellen, vielleicht läuft dann der Amtsschimmel etwas schneller . . .

Ein Pfarrer hatte die Ausgaben für theologische Fachliteratur und für ein Buch »Himmelskunde für Anfänger« als Werbungskosten geltend gemacht.

Sehr erstaunt war er, als er später feststellen mußte, daß das Finanzamt die Kosten für Fachbücher gestrichen, die »Himmelskunde« aber als Fortbildungsliteratur anerkannt hatte . .

. . . Ich möchte nur mal fragen und bitten, ob das zu machen geht, wenn Sie unseres mal vornehmen, da mein Mann schon vor Weihnachten *schlechtwetter* macht . . .

4. Amtsseitiger Humor

Aus Berichten der Betriebsprüfer
... Der Steuerpflichtige betreibt sein Fuhrunternehmen in eigenen Räumen ...

Bericht über einen Gastwirt, der seine »Kasse«
in der Hosentasche hatte:
... Der Steuerpflichtige wechselte aus der Hose ..

Verhängnisvoller Schreibfehler der Kanzlei im
Bericht über die Betriebsprüfung bei der Erdölgesellschaft »Brigitta«:
... Brigitta war durch Tiefenbohrung *sündig*
geworden ...
(soll heißen: ... fündig geworden ...)

Prüfung in einer Gärtnerei:
... Die hohen Zukäufe hatten sich ergeben,
weil die eigenen Gurken mißraten waren ...

Ein Tierzuchtunternehmer:
... Ich nahm, nachdem ich genug Ochsen gesehen hatte, den technischen und wirtschaftlichen Ablauf unter die Lupe ...

. . . Der Steuerpflichtige nutzt jetzt diese Räume selbst bzw. seine Schwiegermutter . . .

Aus einem Aktenvermerk:
. . . Am folgenden Tage erklärte mir die Steuerpflichtige, daß sie die Tasche ihrer einen Verkäuferin durchsucht und dabei festgestellt habe, daß dieselbe entwendeten »Heidesand« enthielt . . .

Anruf eines Betriebsprüfers beim Vorsteher, um sich zur Prüfung abzumelden:
. . . Ich habe jetzt die Johanna Meier vor mir auf dem Tisch . .

Sachgebietsleiter bei der Besprechung von Urteilen des Bundesfinanzhofs:
. . . Es ist manchmal doch recht dünn, was die Herren so von sich geben . . .

Vermerk der Bewertungsstelle über eine Nachschau:
. . . Die Toilette (Haus mit Herz) befindet sich außerhalb des Hauses . . .

Betriebsprüfung bei einem Malermeister:
... Der Inhaber führte an, er habe während der ganzen Arbeitszeit persönlich immer den Pinsel in der Hand und dadurch sei er abends übermüdet...

Eine Sparkassenangestellte bewirbt sich:
... von meiner jetzigen Stellung auf der Bank bin ich ˇunbefriedigt. Ich suche daher eine neue...

Aus dem Stellenangebot der Behörde in der Hannoverschen Allgem. Zeitung:
... Bei Erfüllung der beamtenrechtlichen Voraussetzungen erfolgt die Verbeamtung auf Lebenszeit...

Abiturientin stellt sich vor.
Vorsteher: Welche Vorstellung haben Sie von der Betriebsprüfung?
Abiturientin: Bei der Betriebsprüfung wird die Buchführung links gemacht!

Aus einer Beurteilung:
... Arbeitet stets, ohne zu müssen...

Ich habe katholische Kirchensteuer zu
zahlen, nicht orthodoxe . . .

Noch eine Beurteilung:
. . . Die Finanzanwärterin haftet am Eingefahrenen . . .

Der Bundesfinanzminister zur Investitionszulage für Tiere: . . . Solange Tiere aufwachsen, ist die Herstellung noch nicht beendet. Erst vom Zeitpunkt an, in dem das Tier ausgewachsen ist, ist es ein abnutzbares Wirtschaftsgut . . .
Gehört ein Tier, das der Steuerpflichtige selbst fertiggestellt hat, zum Anlagevermögen, so kann er Investitionszulage beanspruchen . . .

Der Bundesfinanzhof vom 4. 8. 67 VI R 198/66:
. . . Die Verfahrensrüge, einem der ehrenamtlichen Finanzrichter seien die Augen immer wieder zugefallen, greift nicht durch . . . Der Kläger hätte den Vorsitzenden wohl darauf hingewiesen, wenn der Richter eingeschlafen wäre. Das hat der Kläger nicht getan . . .

Aus dem Unterricht
Frage: Beispiel für indirekte Steuern?
Antwort: Hundesteuer. Der Hund braucht die Steuer nicht selbst zu bezahlen . . .

Frage: Was sind beschränkt Steuerpflichtige?
Antwort: . . . Invaliden und Körperbehinderte . .

Lehrer: Einspruch und Klage waren erfolglos. Wer entscheidet über die Revision?

Anwärter: keine Antwort

Lehrer (will helfen): Wo findet z. Z. die Olympiade statt?

Anwärter: in München

Lehrer: Wer entscheidet also?

Anwärter (strahlend): Der Oberbürgermeister von München!!!

Druckfehlerteufel in der Umsatzsteuer-Handausgabe, Stand März 1972:
§ 4: Von den unter § 1 Abs. 1 Nr. 1 und 2 fallenden Umsätzen sind steuerfrei:
. . . 12 a. die *Verpackung* und Vermietung von Grundstücken . . .

Arbeitsvertrag

zwischen dem Lande Hessen, vertreten durch den Ministerpräsidenten, dieser vertreten durch den Hess. Minister der Finanzen, dieser vertreten durch den Oberfinanzpräsidenten der Oberfinanzdirektion Frankfurt/Main, dieser vertreten durch den Vertreter des Vorstehers des Finanzamts . . .

*Ich habe mich kürzlich hier als Schädlingsbe-
kämpfer niedergelassen und würde gern mal
bei Ihnen vorbeikommen...*

Das Bayerische Staatsministerium der Finanzen:
. . . Der vom Staat gewährte Essenszuschuß von 1,- DM soll den Staatsbediensteten auch dann gewährt werden, wenn diese belegte Brötchen essen, die ihrer Art und Menge nach und ggf. in Verbindung mit anderen Speisen (z.B. Salate) als Mittagsmahlzeit eingenommen werden . . . Die Bediensteten sind allerdings verpflichtet, die belegten Brötchen tatsächlich nur in der Mittagspause zu verzehren . . .

Das Finanzgericht Freiburg entschied, daß Kommunen für Leichenwagen keine Kraftfahrzeugsteuer zu entrichten brauchen, da eine Leiche keine »Sache«, sondern der »Rest einer Persönlichkeit« sei, die »Leichenbeförderung« nicht mit »Gütertransport« gleichgesetzt werden könne . . .

Aus dem Bericht eines Finanzamts an die Oberfinanzdirektion:
. . . Nach den getroffenen Feststellungen hat sich der Beamte auf einer Toilette seine Hose so zerrissen, daß eine Wertminderung von mindestens 25% eingetreten ist.
Ein Dienstunfall ist nicht eingetreten. Es ist nur ein Kleidungsstück (eine Hose), das üblicherweise bei Wahrnehmung des Dienstes mitgeführt wird, beschädigt worden . . .
Ich bitte, den Ersatz des Schadens im Sinn von § 96 NBG anzuerkennen . . .

5. Das Freudenmädchenproblem - amtlich und halbamtlich betrachtet

Cheops, ägyptischer König (um 2520 vor Chr.), soll nach den Schilderungen von Herodot seiner eigenen Tochter befohlen haben, den Pyramidenbau mitzufinanzieren:
»Und so bat sie einen jeden, der auf ihr Lager kam, um einen einzigen Stein. Aus den Steinen, so erzählt man, ist dann die Pyramide erbaut worden.« Sie mißt an jeder Seite 44,45 Meter. Ein einziger Stein?
Über den Transport der ungeheuren Steinblöcke, die aus den Steinbrüchen Arabiens und Äthiopiens herbeigeschleppt wurden, schreibt Herodot in einem Fall: »Der Transport dauerte drei Jahre. 2000 Menschen waren dabei beschäftigt, den 6000 Zentner schweren Stein herbeizuschaffen.«

Der römische Kaiserbiograph Sueton (ca 100 n. Chr.) weiß von Auswüchsen der Steuervorschriften zu berichten: »Keine Art von Gegenständen oder Menschen gab es, die nicht durch irgendeine Steuer erfaßt worden wäre. Sogar Dirnen hatten pro Tag den Gewinn aus einem Beischlaf abzuliefern, wobei zu diesem

Gesetz noch ein Artikel hinzugefügt wurde, der auch frühere Dirnen und Kuppler, ja sogar jetzt verheiratete Personen dieser Vorschrift unterwarf.«

Augsburg hatte 1273, Wien 1278, Hamburg 1292 und Basel 1293 ein Frauenhaus. Im Jahre 1319 führte das Rechnungsbuch der Stadt Breslau eine *Abgabe von Dirnen* auf. Im 14. und 15. Jahrhundert schossen die Bordelle in unglaublicher Menge allenthalben empor. Jede Stadt und jedes Nest mußte ebenso sein Freudenhaus haben wie seinen eigenen Galgen. Straßburg im Elsaß wies bei knapp 20 000 Einwohnern dreißig privilegierte Bordelle auf und dennoch trieben selbst im »Heiligen-Geist-Turm« sogenannte »Münsterschwalben« ihr Unwesen.

Die Stiftungsurkunde des Münchener Frauenhauses vom 29. Mai 1443 lautet:. . . Und damit Zucht und Ehrbarkeit in unserer fürstl. Stadt gefördert werde, so haben wir geschaffen ein Frauenhaus für die »gemainen Töchterlein«, daraus aber der Stadt kein »Gült« (Abgabe, Steuer) noch Zins zufallen soll. Es soll dadurch nur viel Übel an Frauen und Jungfrauen verhindert werden . . .

Die städtischen, staatlichen oder geistlichen Behörden als Besitzer der geduldeten Häuser huldigten alle dem Grundsatz des *non olet* (»Es (das Geld) stinkt nicht«). Hatte doch sogar ein Papst, Sixtus IV (1471 - 1484), alljährlich 20 000 Dukaten Mietzins von den von ihm begründeten Bordellen in Rom eingesackt.

Ein hoher Geistlicher mußte, wenn er zufrieden sein sollte, an Einnahmen haben: ein Kurat mit zwanzig Goldgulden, ein Priorat mit vierzig Goldgulden und drei Hürlein im Frauenhaus.

Keinerlei Anwandlung von Prüderie empfand ein Abgeordneter des Frankfurter Rates, der in Köln »zu den Frauen ging«, und ein Straßburger Beamter. Beide verzeichneten ihre Ausgaben bei den »gelustigen Damen« getreulich in ihren Ausgaberechnungen, die sie zur Erstattung einreichten.

Paris, London um 1750
. . . Dirnen fuhren in Equipagen und Dirnen zu Pferde auf den Promenaden und Avenuen der Hauptstädte . . . Dekolletagen bis zur völligen Entblößung des Busens führten zu Verkehrsstockungen am Palais Royal in Paris, an der Vauxhall zu London . . .

Berlin 1872

. . . Zu den über 30 000 liederlichen Dirnen kommt eine fast ebenso zahlreiche Bande von Zuhältern, die hier ein Schrecken für unsere bürgerliche Gesellschaft geworden sind . . . Es darf aber nicht übersehen werden, daß jene fast 60 000 Dirnen und ihre »Louis« großenteils von den sogenannten besseren Ständen ihren »Verdienst« beziehen . . .

Und nun die Rechtsprechung . . .

Reichsfinanzhof vom 23. 3. 1923 - V A 323 / 22 -

. . . Eine Frau, die gewerbsmäßige Unzucht betreibt, erbringt keine Leistung im Sinne des Umsatzsteuergesetzes . . .

RFH vom 4. 3. 1931 - VI A 16 / 31 -

. . . Die gewerbsmäßige Unzucht ist trotz dieser Bezeichnung nach der Verkehrsauffassung kein Gewerbebetrieb . . .

RFH vom 8. 4. 1943 - IV 33 / 43 -

. . . Es liegt kein triftiger Grund vor, Einkünfte aus gewerbsmäßiger Unzucht von der Einkommensteuer frei zu lassen, während Frauen mit dem Entgelt aus anständiger Arbeit zur Steuer herangezogen werden . . .

Bundesfinanzhof vom 22. 6. 1962 - VI 112/59 S
. . . Die Gestattung des Beischlafs für sich
allein ist keine Tätigkeit im Sinn des § 15 oder
keine Leistung im Sinn des § 22 Ziff. 3 EStG . . .

BFH vom 23. 6. 1964 - Gr. S. 1/64 S -
. . . Das Finanzamt erblickte in den Einnahmen
aus Prostitution Einkünfte aus sonstigen Leistungen und setzte Einkommensteuer, Abgabe
»Notopfer Berlin« und Kirchensteuer fest . . .
Die Rechtsbeschwerde ist unbegründet, weil
Einkünfte aus »gewerbsmäßiger Unzucht«,
wenn auch nicht Einkünfte aus Gewerbebetrieb, so doch als Einkünfte aus Leistungen
steuerpflichtig sind . . . Die Straßendirne bietet
sich einem unbestimmbaren Kreis von Part-
nern an und bestreitet ganz oder zum wesent-
lichen Teil daraus ihren Lebensunterhalt . . .
Mit diesem Urteil hat der Große Senat des Bundesfinanzhofs die Erben der Frankfurter Lebe-
dame Rosemarie Nitribitt beschieden, daß Einkünfte aus dem Liebesgewerbe vom Staat zu
besteuern seien . . .

Spiegel:
. . . Seit Rosemarie Nitribitt selig gibt es eine
Halbwelt-Hautevoleé, die im 180-PS-Coupé über
die schiefe Bahn dahinrollt und ihre Blößen
mit Nerz bedeckt . . .

Köln, 1966
. . . Christa F. betrachtet sich als »finanzamts-
geschädigt«, weil sie 32 150,— DM Steuern zahlen soll. Sie pocht auf den im Artikel 3 Grund-
gesetz verankerten Grundsatz der »Gleichheit
vor dem Gesetz« und will nicht eher einen Pfennig zahlen, bis ihre »Kolleginnen vom Strich«
ebenfalls zur Kasse gebeten werden . . .

1966:
». . . Die Herren vom Finanzamt glauben, ich
würde rund 600 Mark pro Nacht verdienen. Die
sollten sich mal eine Nacht zu mir setzen. Ich
verdiene im Schnitt nicht mehr als 100 bis
150 Mark pro Nacht und während der Fußball-
weltmeisterschaft sind wir oft sogar nur mit
ganzen 50 Mark nach Hause gegangen . . .«

Frankfurt, 1967
. . . In Frankfurt, dem Dorado der käuflichen
Liebe mit über 2 000 Prostituierten, mußten die
Nachfolgerinnen der ermordeten Dirnen Rose-
marie Nitribitt und Helga Matura für das Jahr
1966 rund 1,2 Millionen Steuern bezahlen . . .

Liebeslohn füllt den Steuertopf
Staatskasse kassiert schweres Geld von leichten
Mädchen
. . . Die Finanzämter haben weniger moralische
als praktische Bedenken. Die Steuerbeamten

50

befürchten, von den Zuhältern Prügel zu beziehen oder von den Mädchen in »zweideutig-eindeutige« Situationen gebracht zu werden. So erklärte ein Mädchen: Als wir allein waren, wollte der Beamte mich küssen . . .

Besonders erregte sich eine Gunstwerblerin darüber, daß die Finanzämter als verlängerter Arm der Kirche zehn Prozent Kirchensteuer von ihr eintreiben: »Die Kirchen, deren Vertreter sich weigerten, der ermordeten Helga Matura ein christliches Begräbnis zukommen zu lassen, erwarten von mir, daß ich für sie ins Bett steige. 144 Mark hat man von mir kassiert; dafür muß ich mindestens fünf- bis sechsmal . . .«

Den Antrag einer Steuerpflichtigen, die Kirchensteuer 1965 aus Billigkeitsgründen zu erlassen, lehnt das Landeskirchenamt unter Hinweis auf Prophet Jesaja, Kapitel 43, Vers 24, ab . . .
Anm.: Jesaja Kapitel 43 Vers 24 lautet: ja, mir hast Du Arbeit gemacht mit Deinen Sünden, und hast mir Mühe gemacht mit Deinen Missetaten!

Bedenken löste auch die Zusammenarbeit zwischen Polizei und Steuerfahndung aus, als in Frankfurt eine »Neue im Revier« notiert wurde
Eine Arztfrau, 32, rothaarig, katholische Mutter von vier Kindern, fuhr spätabends ortsunkun-

dig im dunkelblauen Mercedes 220 SE, nach Dirnenart langsam in den Straßen des Bahnhofviertels umher, um aus einer Apotheke ein dringend benötigtes Medikament zu holen. Elf Monate später erhielt sie Erklärungsvordrucke. Nach dem Sinn der Aufforderung arglos fragend, erhielt sie die telefonische Auskunft von dem Steuerfahnder: »Das Gefummel da unten ist steuerpflichtig!«

Im Supermarkt der Sexualität, dem Vier-Stockwerksbau Hinter dem Bahndamm 1-7 zu Düsseldorf, kassiert die Block-Eigentümerin pünktlich zur festgesetzten Stunde von den 228 »Viertelsrundenlöhnerinnen« die tägliche Zimmermiete. Von den 228 x 16 Mark Miete, die sie Tag für Tag einstreicht, gehören 58 Prozent dem Finanzamt ... *(Spiegel 1965)*

Nach Experten-Schätzungen nahm die leichteste aller Branchen allein 1964 mehr als eine Milliarde Mark ein, annähernd soviel, wie Bonn im selben Jahr für Entwicklungshilfe ausgab ...

Sehr geehrte Herren!
Wie Ihnen bekannt sein dürfte, ist Bebenhäuserhof 2 - 6 kein Bordell, sondern eine Unterkunft.
Ich lasse mich beschenken und ich glaube nicht, daß ich kleine Geschenke versteuern muß.

Sollte ich gezwungen werden, Steuern zu zahlen, muß ich Männer empfangen gegen Bezahlung.
In diesem Falle würde ich das aber als Nötigung empfinden...

Ein »Fräulein« schreibt an das Finanzamt:
... Ich bitte entsprechende Fachliteratur absetzen zu dürfen, da ich mich ständig beruflich fortbilden muß...

Die alte Dame geht neben dem Zebrastreifen über die Straße. Ein Polizist spricht sie an:
»Immer hübsch auf dem Strich gehen, Oma!«
»Hab ich nicht nötig, bekomme eine gute Rente.«

Bei mir kostet es fünf Mark pro Kilometer

(entnommen aus: 365 Tropfen zur Entspannung, Daco Verlag, Stuttgart)

Hamburg, 1967

. . . Zum Richtfest des »Eros-Center« für die Etablierung von 140 Damen konnte Bauherr B. nebst Gattin und Tochter die Gäste zur durchaus honorigen Feier willkommen heißen, das kein Hauch künftiger Anrüchigkeit trübte. Frau B. enthüllte das Namenschild »Eros-Center«, als weihe sie ein öffentliches Denkmal ein.

Der Maurerpolier, vom reichlichen Bier angefeuert, wünschte sicherlich ohne Hintergedanken: »Alles Liebe, alles Gute, jedem, der hier einkehrt.«

Drei Musikanten eines Blasorchesters schmetterten mit geblähten Backen: »Wir winden Dir den Jungfernkranz...«

. . . Dazu der Wunsch Hamburger Ordnungshüter: »Wir müssen die Prostitution auf einen modernen Stand bringen.«

Jede Menge »Girls« in München. 1973

. . . Sie nennen sich Gesellschaftsdamen, Reisepartnerinnen oder Partygirls - die Luxusweibchen, deren Rufnummern gegen einen »Blauen« vom Hotelportier zu erfahren sind oder diskret im Bekanntenkreis weiter empfohlen werden. Sie verlangen bis zu 1 000 Mark pro Nacht oder kostbare Geschenke... (Welt am Sonntag)

Von Rechts wegen

Erleidet eine Prostituierte bei einem (Straßen-) Verkehrsunfall Verletzungen, die ihre Erwerbstätigkeit einschränken, so kann sie Schadenersatz auch wegen ihres Verdienstausfalls verlangen. Oberlandesgericht Düsseldorf 1 U 44/70 Das Gericht meinte: Zwar sind Dirnenverträge nichtig; hingegebenes Geld kann aber nicht zurückverlangt werden, ist also rechtmäßiges *Einkommen*, sein Wegfall mithin anerkannter Schaden. Er kann hoch sein.

Sie zeigt, was sie hat,
man sieht sich nicht satt
an den enormen
rundlichen Formen.
Ihr Gewerbe ist alt,
die Berechnung ist kalt.
Wie nennt man die wohl?
(Marktweib mit Kohl)

Kurz vor Beginn einer gewerkschaftlichen Demonstration unterhalten sich zwei Straßenmädchen: »Klar, marschieren wir mit! Gewerkschaft öffentliche Dienste, Transport und Verkehr.«

Seit drei Generationen trugen die Frauen einer angesehenen Familie in Montreal in Kanada als Schmuck eine orientalische Kupfermünze mit arabischen Schriftzeichen. Sie stammte vom Großvater, der sie von einer Reise mitgebracht hatte. Die Enkelin ließ jetzt die Inschrift übersetzen. Sie lautete: »Öffentliches Straßenmädchen - Der Stadtrat von Kairo.«

Spiegel-Briefe

. . . Wenn Sie von einem Internisten in Hamburg schreiben, der mit sieben Kräften im Monat netto 10 000 Mark verdient, so haben ihre Redakteure übersehen, daß ein paar Häuser weiter eine Nutte im Alleingang ohne Personal, ohne Aufwand, ohne Risiko, ohne Ausbildung und ohne besondere Apparate - nur mit einer kleinen Spalte - ein gleiches Einkommen hat. Warum regen Sie sich auf? . . .

Zeit der Öl - Krise 1973

»Kein Öl - Kein Strich!«, meldete die Presse von der Krisenfront: Die Behörden in Frankfurt und München hatten sich geweigert, an freischaffende Dirnen am Sonntag Sonderfahrgenehmigungen auszugeben, weil sie, wie die Polizei formulierte, »keinen von der Rechtsordnung gebilligten Beruf ausüben«.

Frankfurter Wechsel-Kurs (Februar 1973)

. . . Seit Mittwoch haben die Taxifahrer einen eigenen Kurs: Sie berechnen den Dollar mit 2,70 DM. Geschäftsleute hatten bereits letzte Woche den Dollar meist nur zum Kurs von 1:3 berechnet. Im Frankfurter Gunstgewerbe ist der Dollar ganz tief abgesunken. Die »Damen« nehmen die Weltleitwährung- wenn überhaupt- nur zum Kurs 1:2 . . .

(dpa). Jacqueline Trappler (34), französische Prostituierte und Vorkämpferin für mehr Rechte ihres Berufstandes erlebte eine böse Überraschung. Sie soll 150 000 Francs (rund 90 000 Mark) Steuer nachzahlen. Nach eigenen Angaben will sie in ihrem »horizontalen Gewerbe« monatlich 15 000 Francs verdienen. Vor zwei Wochen hatte sie erklärt: Wir wollen freie Frauen sein. Wir wollen Rechte auf Sozialleistungen, Alterspension, wir wollen Steuern zahlen und einer strengen Gesundheitskontrolle unterzogen werden ...

§ 6 der Verordnung zum Vollzug des Gaststättengesetzes in der bereinigten Sammlung des Bayerischen Landesrechts: »Als weibliche Arbeitnehmer gelten alle weiblichen Personen, die in Gast- und Schankwirtschaften zur Bedienung der Gäste oder zu deren Unterhaltung in der Weise tätig sind, daß ein *unmittelbarer Verkehr mit den Gästen* stattfindet, auch wenn sie daneben noch andere Arbeiten verrichten.«

Die Mädchen in Hongkong
Hans Apel, Bundesfinanzminister, wurde nach seiner Rückkehr aus Fernost angefrotzelt, ob ihn die »Mädchen in Hongkong« auch gefragt hätten: »American ???« - Nach Kopfschütteln des Befragten: »Englishman???«. Nach erneuter Verneinung: »Dann Neckermann!!!«

Der Beamte, der meine Kohlen abgelehnt hat, soll 'einmal bei mir im Winter schlafen, damit er sieht, was für ein kalt es Loch ich habe.

Anfrage: Kann ich meinen Nerz, den ich nur bei der Arbeit trage, von der Steuer absetzen?

Helga Hurtig, Frankfurt

Antwort: Die Kosten für den »Arbeitsnerz« können Sie nach § 9 Absatz 1 Ziff. 6 und 7 als Werbungskosten (Aufwendungen für Berufskleidung) abziehen.

Ihr Finanzamt

Der Präsident des Deutschen Gewichtheber-Verbandes zu den Querelen um die zunehmende Werbung in den Stadien und auf den Trikots der Athleten: »Für 100 000 Mark würden meine Männer sogar den Namen *Nitribitt* auf der Brust tragen.«

Paris (ap), 10. 6. 75
In Frankreich befanden sich am Montag fast alle Prostituierten im Streik, um auf ihre sozialen Probleme hinzuweisen. In Paris registrierte die Polizei nur ein »arbeitendes« Mädchen.
In Lyon hielten rund 100 Dirnen eine Kirche besetzt. Auf einem Plakat hieß es: »Christen dieser Gemeinde, entschuldigt uns für die weitere Besetzung der Kirche. Wir wünschen so sehr, daß heute alles vorbei wäre. Beten Sie für uns, Danke.«

Mißverständnis

Ein arbeitsloser Bauingenieur wollte zur Messezeit etwas nebenbei verdienen. Auf seine Anzeige in der »Hannoversche Allgemeine«, die da lautete: »Stelle mich mit meinem PKW für die Messezeit zur Verfügung. Tel. . . .« hagelte es Anrufe, bei der die Anrufer allerdings, ohne einen Ton zu sagen, wieder auflegten. Spät abends ging ihm ein Licht auf und er nahm die folgenden Anrufe mit Humor.

Ein Anrufer hatte nämlich gefragt: »Sind Sie derjenige, der sich zur Verfügung stellen will? .. Dann hat sich der Anruf erledigt. Ich dachte, es wäre eine Dame . . .«

Mit dem erhofften Verdienst wurde es nichts.

Paris, 24. 7. 75

Präsident Giscard d'Estaing hat Guy Pinot den Auftrag erteilt festzustellen, was für die Prostituierten getan werden kann.

Mit umgerechnet viereinhalb Milliarden Mark kennt das »älteste Gewerbe der Welt« in Frankreich keine materielle Not. Die leichten Mädchen möchten staatlich anerkannt werden, sie möchten gern und freiwillig Steuern zahlen, im Alter versorgt sein und der ständigen Polizeiverfolgung entgehen.

Guy Pinot, scherzhaft schon »Monsieur Prostitution« genannt, betonte, daß er keinerlei Erfahrungen mit den Fragen der Prostitution habe.

6. Vermischtes

Eine Steuerpflichtige schreibt:
. . . Hiermit wünsche ich Ihnen weiterhin einen gesegneten, tiefen Büroschlaf. Den Zeitpunkt Ihres Erwachens bitte ich mir mitzuteilen. 1. Interessiert mich der Zeitpunkt 2. Habe ich begründeten Anspruch darauf. Hoffentlich störe ich nicht allzusehr. Ich bin auch von Schlafstörungen nicht begeistert . . .

Aus einem Einspruch:
. . . Das Auge des Gesetzes nagt an den Knochen der Ärmsten . . .

. . . Ein Käufer wäre auch sicher nicht zu finden, da meine Schwester auf dem Haus liegt . . .

Aus Bescheinigungen
. . . S. erklärte, er höre immer Stimmen. Diese kämen von einem irgendwo versteckten Gerät. Auch der neue Nervenarzt kam zu diesem Ergebnis . . .

. . . Der geisteskranke Pflegling hat in letzter Zeit bei seinem Bruder in der Landwirtschaft geholfen. Er war mit der Arbeitsleistung seines Bruders sehr zufrieden . . .

Aus einem Vertrage:
. . . Es erschienen heute vor dem Notar X Herr A und Herr B.
Sie waren verheiratet . . .

Schild bei einer Prüfung in einer landw. Versuchsanstalt gesehen:
»Achtung! Institut für künstliche Besamung. Betreten auf eigene Gefahr!«

Unfallschilderungen
. . . Ich hörte eine Hupe und bekam einen heftigen Stoß im Rücken; augenscheinlich versuchte eine Dame, mich zu überholen . . .

. . . Ich überfuhr einen Mann. Er gab zu, daß es sein Fehler war, da er schon einmal überfahren worden sei . . .

. . . Sie sah mich, verlor ihren Kopf, und wir trafen heftig zusammen . . .

. . . Ich dachte, das Fenster sei offen; es war jedoch geschlossen, wie sich herausstellte, als ich meinen Kopf hindurchstreckte . . .

Vor dem Richtfest des Finanzamts Mannheim verfügte der Finanzminister, daß jeder Beamte der an der Feier teilnehmen möchte, einen Verzehrkostenbeitrag von zehn Mark zu zahlen habe. Folge: Der Minister, der die Ausgaben für zwölf Ehrengäste aus seiner Privattasche zahlte, mußte das Richtfest ohne Beamte feiern.

Und Sie haben tatsächlich nichts zu verzollen?

Definition im Berufausbildungsgesetz:
. . . Ausbilder sind für die Ausbildung ausgebildete Mitarbeiter, die vom Ausbildenden beauftragt sind, Auszubildende auszubilden . . .

Verordnung Nr. 1460/71 der EWG-Kommision:
Artikel I: Es wird festgestellt, daß sich der Blumenkohlmarkt in einer ernsten Krise befindet.
Artikel II. Diese Verordnung tritt am Tage nach ihrer Veröffentlichung in Kraft . . .

Novelle zum Unterhaltungssicherungsgesetz im Bundesgesetzblatt:
In § 14 (2) in der Fassung vom 31. 5. 61 werden die Worte »Sicherung und Besserung« durch die Worte »Besserung und Sicherung« ersetzt.

Hausordnung:
»Beim Betreten und Hinausgehen müssen die Türen geschlossen bleiben«.

»Das Gebäude wird 10 Minuten vor Schluß geschlossen.«

Aus der Zeitung:

Ruhiger Beamter

Wochendendfahrer, sucht möbl. Zimmer
Angebote unt. 0295 an das GT

Junger , verheirateter

Viehpfleger

für großen Schweinestall gesucht.
Guter Lohn und beste Wohnung
Ang. unter T 8159 an HZ

Wegen Todesfall 30jährige
eingelaufene
Hautarztpraxis

in bester Citylage zu vermieten
Telefon 01274

> *Reiner ist Beatmer* (Inspektor)
> 23/183, schlank, sportlich, gt. Einkommen
> sucht Partnerin. Zuschr. u. R 243

> *Beamter sucht Jaguar E,*
> geschenkt,
> Gegenleistung od. günstige Finanzg
> Zuschr. u. Chiffre A 21/69

Stellenangebote:
»Mädchen gesucht, das sich für kalten Aufschnitt eignet.«

»Jüngere Frau für leichte sitzende Tätigkeit in der Brüterei gesucht.«

7. Was man sich sonst erzählt

Ski-Star Rosi Mittermaier auf die Frage eines Reporters, was sie mit dem vielen Geld machen wolle.
»Bis jetzt habe ich noch keinen Pfennig gesehen. Und dann muß ich ja auch Steuern bezahlen!«

Goldene Arbeitsregel
Wer viel arbeitet, macht viele Fehler.
Wer wenig arbeitet, macht wenig Fehler.
Wer gar nicht arbeitet, macht keine Fehler.
Wer keine Fehler macht, wird befördert¹

Was ist der Unterschied zwischen der ägyptischen Armee und dem Finanzamt?
Bei der ägyptischen Armee haben die Posten Kamele!

Fürchte
den Bock von vorne,
den Esel von hinten,
den Steuerpresser von allen Seiten.
(Anno Domini 1763)

»Führen Sie auch Bücher?« fragte der Steuer-
prüfer den Metzgermeister.
»Nein, nur Fleisch- und Wurstwaren!«

Der Zollbeamte kommt an der Grenzstation
ins Abteil, wo ein einzelner Herr sitzt: »Alkohol,
Zigaretten, Kaffee?«
»Vielen Dank«, sagt der Herr liebenswürdig,
»davon habe ich selbst den ganzen Koffer
voll.«

Francesco Moscardelli, Sohn der Abruzzen,
der sich täglich an seiner putzmunteren Ehe-
liebsten erfreut, bekam regelmäßig seit sechs
Jahren einen Erbschaftssteuerbescheid wegen
des hinterlassenen Vermögens seiner *»verstorbenen«* Ehefrau. Fünfmal stürmte er wutent-
brannt zur Steuerbehörde, legte Protest ein und
nahm die Entschuldigung der Beamten zur
Kenntnis. Im sechsten Jahr zog er mit seiner
Ehefrau aufs Finanzamt, um so den augenfälli-
gen Beweis zu führen, daß sein Ehegespons
noch sehr lebendig sei.

Resultat: Letzte Woche bekam er den siebten
Steuerbescheid!
Bleibt nur ein Trost: Totgesagte leben länger,
auch »amtlich tote« Ehefrauen.

Ich kann zwar im Augenblick Ihr Gehalt nicht erhöhen, aber wenn ich Bedürftigen unter die Arme greife, kann ich's von der Steuer absetzen!

(entnommen aus: Neue Revue, Zeichnung Rolf Brinkmann)

»Auf mein Verlangen   stotterte mir der Beamte etwas aus einem Gesetzbuch vor, was keine Hände und Füße hatte.«

Deutschlands Steuerzahler blicken in diesen Tagen gebannt zur Technischen Universität Hannover. Dort wird ein grauer Stein untersucht, der tags zuvor, fünf Minuten nach zwölf, mit einem Riesenknall durch ein Fenster des Finanzamts Hildesheim sauste.

Um Mitternacht überrascht der Polizist einen Lebensmüden, der in den Fluß springen will. »Weshalb? Weshalb schon? Natürlich wegen der Steuer!« grollt der verhinderte Selbstmörder. »Wegen der Steuer flucht man nur und denkt an Götz von Berlichingen«, versucht der Polizist psychiatrisch vorzugehen.
»Es sind die vielen Paragraphen, die mich verrückt machen. Täglich neue Bestimmungen. Das reinste Teufelswerk. Ich bin am Ende mit meinen Nerven!«

»Suchen Sie doch Rat beim Finanzamt. Dort gibt es einen Auskunftsbeamten.«

»Das ist es ja eben«, ruft verzweifelt und zitternd der Lebensmüde. »Dieser Auskunftsbeamte - der bin ich!«

Berufe
aus der *Classification* zur Personensteuer
des Königlichen Finanz-Ministeriums Hannover
vom 20. März 1859 (auszugsweise)
. . . Altflicker . . . Besenbinder . . . Corsetma-
cher . . . Drahtzieher . . . Eseltreiber . . . Gips-
brenner . . . Haushofmeister . . . Kammacher . .
Kesselflicker . . . Kofferträger . . . Laden-
jungfern . . . Militairmusici . . . Nachtwächter . . . Orgeldreher . . . Postillons . . . Salz-
sieder . . . Scharfrichter . . . Scheerenschlei-
fer . . . Seiltänzer . . . Stiefelputzer . . . Trüffel-
jäger . . . Zichorienbrenner . . . Zuckerformer . . .

Berufe
-heute-
. . . Arztschreiberin . . Bademeister und Fleisch-
beschauer . . . Büstenfüller . . . Buttermeier . . .
Endlosdrucker . . . Glühofenwärter . . . Maga-
ziner . . . Kohlepapierfärber . . . Kammerar-
beiter . . . Raupenfahrer . . . Reinmachefrau . . .
Sackstopfer . . . Tabellierer . . . Vorsteher des
Lochsaales . . .

Fragt der Zöllner an der Grenze den zer-
streuten Professor: »Kognak? Whisky? Zigarren?«
»Nein, danke,« sagt der Angesprochene, »aber
wenn ich vielleicht ein Glas Milch bekommen
könnte?«

71

Das ist in jeder Jahr dergleiche

knarsch mit ihren Ämpte

72

Hans Apel, Bundesfinanzminister, schlich nachts im Trainingsanzug ohne Sicherheitsbeamte und Geld durch die Straßen Bonns. Er war nach einem Skatabend mit Freunden auf dem Heimweg und bemerkte erst an der Wohnungstür, daß er seine Schlüssel bei den Skatbrüdern vergessen hatte. Bei drei Grad minus tippelte der Sparminister zurück - ein Taxi mochte er nicht nehmen, weil »die mir sowieso keinen Kredit gegeben hätten.«

»Ich glaube, mich tritt ein Pferd!« - so kommentierte Bundesfinanzminister Apel die Kritik an der Steuerreform 1975.

»Das Pferd, das ihn getreten hat, hat ihn jetzt gebissen,« meinte Finanzminister Helmut Kasimier (Niedersachsen) zu der Ankündigung Hans Apels, nach einem Konjunkturaufschwung die Steuern zu erhöhen.

Werner Finck prophezeit:
Eine der wenigen Industrien, deren Produktion nie zurückgehen wird, ist die Gesetzfabrikation.

Ein Steuerzahler bekam einen Kontoauszug vom Finanzamt: Er sollte 1 008,75 Mark nachzahlen. Die Sache klärte sich auf Anfrage durch die erlösende Antwort auf: Das Datum - 10. August 1975 - war in die falsche Spalte geraten.

Benzin besteht größtenteils aus Steuern. Darum wird man es auch bald in Bonn selbst herstellen können.

Erstaunt sind die Besucher eines Pariser Finanzamtes über eine bestechende Logik. Neben dem Handfeuerlöscher kann man nämlich lesen: Bei Feuer lautet der Alarmruf »Feuer«!

Um sich Mut anzutrinken, nimmt ein Wirtschaftsprüfer vor dem Gang zum Zahnarzt in einem Lokal einige Klare zu sich.
Im Zahnarztstuhl fragt die Helferin ihn nach dem Beruf. »Wirtschaftsprüfer« lautet die Antwort. Daraufhin die Helferin: »Ja, man riech es!«

»Sehen Sie den Herrn dort drüben? Er hilft jetzt vielen Leute auf die Beine.«
»Ist er ein so großer Menschenfreund?«
»Das nicht, er pfändet bei Steuerschuldnern die Autos!«

»Dienstpostenbewertung« in Hessen

Amtsgehilfe: weiß alles,
Sekretär: weiß alles besser,
Obersekretär: will alles besser wissen,
Hauptsekretär: kann lesen,
Inspektor: kann schreiben,
Oberinspektor: kann schreiben und lesen,
Amtmann: weiß, wer lesen und schreiben kann,
Amtsrat: kann Ortsgespräche führen,
Regierungsrat: glaubt, alles zu wissen,
Oberregierungsrat: ist der, der es eigentlich wissen müßte,
Regierungsdirektor: unterschreibt nur, was er lesen kann,
Ministerialrat: denkt, daß alles richtig ist, was er unterschreibt,
Ltd. Ministerialrat: weiß nicht alles, was er unterschreibt,
Ministerialdirigent: fragt, wo er unterschreiben kann,
Staatssekretär: trägt die Aktentasche des Ministers,
Minister: glaubt, daß in der Aktentasche alles ist, was er wissen müßte.

Berlin. Ein Vollziehungsbeamter sollte bei der Witwe Eberlein, Jägerstraße 3, vollstrecken. Er schrieb im Bericht: »Die Witwe Eberlein wohnt nicht Jägerstraße 3, sondern Taubenstraße 17. Sie heißt nicht Eberlein, sondern Schmidt und ist ein Mann.«

Definition
Fiskus - nicht ein Sportgerät, sondern eine schmerzhafte Knieverletzung
Bilanz - Unzucht mit Zahlen
Lohnpfändung - besondere Form der Ratenzahlung
Mehrwertsteuer - vergoldetes Steuerrad
Vollzugsbeamter - Eisenbahner in der Hauptreisezeit
Frisieren - Fachkundige Bearbeitung einer Bilanz
Beamtenlaufbahn - Sportplatz für Festbesoldete

Eine »Mondplakette« hat der niedersächsische Ministerpräsident Kubel zu Silvester 1972 vom Bund der Steuerzahler in Hannover erhalten, weil der Minister die Entfernung Erde - Mond auf seinen Fahrten zwischen seiner Wohnung in Braunlage und dem Dienstsitz in Hannover (384 000 Kilometer) im landeseigenen Dienstwagen zurückgelegt hat.

Dreimal hatte das Finanzamt in Rom beim Bürgermeister des entlegenen Gebirgsdorfes Verla nach den Personalien eines gewissen Grivelli gefragt. Dreimal lautete die Antwort, Signor Grivelli hätte schon vor Jahren das Zeitliche gesegnet. Als trotzdem noch die vierte Anfrage kam, schrieb der Bürgermeister und Standesbeamte zurück: »Tomaso Enrico Grivelli noch immer tot! Termin der Auferstehung unbekannt!«

Am Anschlagbrett einer kleinen Gemeinde bei Linz/Donau war zu lesen:
»Alle Hundebesitzer haben bis Ultimo die überfällige Hundesteuer abzuführen. Andernfalls werden sie getötet!«

. . . und darum ersuche ich um Steuererleichterung, weil mir mein Mann jeden Abend sein geflicktes Hinterteil vorhält.

Wußten Sie schon...

. . . daß Buchhalternasen völlig geruchsunempfindlich sind?

. . . daß man zum Lesen eines amerikanischen Journals keine Englischkenntnisse braucht?

. . . daß die Schneegrenze ohne Zollgebühren überschritten werden kann?

. . . daß die Spitzen der Behörden oft sehr rund sind?

. . . daß fast alle Finanzminister mit dem Steuerknüppel umzugehen wissen?

Worin besteht der Unterschied zwischen einem Missionar und einem Steuerbeamten?
Der Missionar macht die Wilden zahm, der Finanzbeamte die Zahmen wild!

Man soll die Hoffnung nicht aufgeben, denn:
Kommt Zeit, kommt Rat,
kommt Oberrat.
Und schiebt sich keiner dann davor,
wirst Du Regierungsdirektor.
Gilt'st Du als guter Bürokrat,
schaffst Du's zum Ministerialrat.
Hält man dich für intelligent,
wirst du vielleicht noch Dirigent.

Ach, reines Glück genießt doch nie,
wer zahlen soll und weiß nicht wie.

(Wilhelm Busch)

Der Bankräuber und das 624-DM-Gesetz
Tags zuvor hatte der Sparkassenleiter in Obern-
jesa (Niedersachsen) einen Mann im Schal-
terraum beobachtet, der sich in Werbepro-
spekten vertiefte und eine Broschüre über Ver-
mögensbildung mitnahm. Am kommenden Tag
setzte der »Kunde« um 8,05 Uhr seine Schreck-
schußpistole »vermögensbildend« ein. »Erst
dachte ich, der wollte sich über das 624-DM-
Gesetz beraten lassen. Dann sah ich nur noch
die Mündung und griff in die Kasse.«

Auf Kleidung sieht man auf dem Finanzamt
eines Städtchens in Alabama überhaupt
nicht.
Ein Schild am Eingang gibt darüber Auskunft:
»Ob Sie hier zerlumpt oder im Smoking auf-
kreuzen ist völlig egal, denn die Steuern
werden durch Computer errechnet.«

Fanzösische Zollbeamte entdeckten auf dem
Pariser Flughafen Orly 1,6 Kilo Heroin *im
doppelten Boden eines Chinesen*, der aus
Hongkong kam...

(FAZ)

Im gleichen Verlag sind erschienen:

Wolfgang Krämer
Lukasburger Stilblüten Band I — V
Aus den Aufsätzes der Kleinen — für den
Stammtisch der Großen

P. Michael Pötke
Stilblütenlese
Eine bunte Schau aus Kindermund

Christian Grosch
Heiteres Finanzamt Band I, II und III
Stilblüten-Sammlung zum Vergnügen des
Steuerzahlers

Bernhard Metius
Altbayerisches Witzbrevier
Grobes mit Liebe sortiert — 515 bayrische Witze

Ludwig Müller
Bayerischer Himmel, Bayerische Höll
Kernig bayerischer Humor in der Politik, in
den zwiespältigen moralischen Anschauungen

Albert Wisheu-Martens
Weiß-blau, frisch g'strich'n
Heitere altbayerische Verseln, Schnurren und
G'schichtln

Albin Oberegger
Heitere Marterl-Sprüche
Grabinschriften - Hausinschriften - Wirtshaus-
sprüche - Sonnenuhrsprüche - Scherzinschriften

jeder Band ca. 72 Seiten, kartoniert, illustriert

Rolf-Günter Jaeckel
Kakteen Satiren
128 Seiten, farbiger Umschlag, Pb.

Martin Lankes
Kurz und bayrisch
. . . trifft die Denkart der Leute, wie nur je
Julius Kreis und Lena Christ
128 Seiten, Efalin, farbiger Einband